T0052712

Peldaños

VIVIR EN LA COSTA
Comunidades en las que vivimos

A surfear

por Debbie Nevins

Estás de pie en una playa. Las olas rompen en la costa, una tras otra. Sientes el rocío salado en tu rostro. El agua fría te hace cosquillas en los pies. Observas la parte superior, o **cresta**, de la siguiente gran ola. Ves a dos surfistas sobre una tabla de surf. Luego ves que uno de los surfistas tiene cuatro patas. ¡Es un perro!

El lugar donde las personas viven influye en dónde trabajan. También influye en los tipos de casas en las que viven. Incluso influyen en qué hacen para divertirse. En las comunidades costeras, la mayoría de las personas pasan su tiempo libre en la playa. Algunas playas incluso son aptas para perros. Esto significa que las personas pueden llevar a su perro a la playa para relajarse al sol o jugar en el agua. A muchos perros les encanta la playa. Pueden olfatear aromas de playa, atrapar palitos, perseguir aves y conocer a nuevas personas. Y algunos perros del sur de California, pueden surfear las olas. Algunos perros **deportistas** participan en concursos de surf. ¡No es de sorprender que haya tantos perros mojados y personas entusiasmadas en las playas de California!

El perro surfista Jedi atrapa una ola en una playa de California.

A salpicarse

Cada año, más de 1,500 personas se reúnen en la playa Huntington de California para la Competencia de perros surfistas de Surf City. Los perros deportistas huelen la competencia. Se saludan moviendo la cola y lengüeteándose. Luego saltan en su tabla y montan las olas. Este es un deporte poco común, pero sin dudas, divertido.

A muchos perros les gusta el surf, pero algunos perros de esta playa quieren permanecer secos. Pueden ladrar para alentar a sus surfistas favoritos. O pueden competir en un desfile de modas o un concurso de disfraces para perros. Sus amos pueden incluso comprar juguetes para perros. Y todo esto es por una buena causa. Parte del dinero recaudado en este evento se destina a **instituciones benéficas** de rescate de perros, o grupos que ayudan a los demás. Las instituciones benéficas de rescate encuentran buenos hogares para los perros que los necesitan. Muchos de los perros surfistas vivían en refugios antes de que los grupos de rescate ayudaran a ubicarlos en buenos hogares.

< Echa un vistazo al chaleco colorido de este cachorro. Todos los deportistas deben usar equipo de seguridad para competir.

El nombre de este perro es Código Cuatro. Está disfrazado para el concurso de disfraces. Ganó el primer lugar en el año 2010.

Todos los deportes tienen a sus héroes. Eso incluye al surf. Buddy es un Jack Russell terrier. Es un famoso perro surfista. Es el primer perro al que se homenajea en el Salón de la Fama de los Perros Surfistas.

Este perro usa gafas de seguridad y un pañuelo. Las gafas protegen sus ojos del agua salada. El pañuelo solo hace que se vea muy bien.

Animales surfistas
sorprendentes

¿Crees que los perros surfistas son sorprendentes? ¿Y qué tal un cerdo surfista? ¿Y qué tal una cabra surfista? A casi cualquier mascota se le puede enseñar a surfear, mientras le guste el agua y sepa nadar. Incluso algunos gatos aprenden a surfear si no detestan el agua.

Listo para la **acción**

Hay mucho que hacer antes de la competencia. Los amos verifican dos veces el equipo de los animales surfistas. Los perros usan chalecos salvavidas que los mantienen seguros en el agua profunda. Algunos amos también usan chalecos salvavidas. También practican surf con sus perros.

Cuando la competencia comienza, los amos y sus perros llegan a nado hasta donde las olas son adecuadas. Primero, los amos ayudan a su perro a subirse a la tabla y las apuntan hacia la costa. Cuando el agua se eleva, ¡los sueltan y los perros se van surfeando! Algunos cachorros montan su tabla hasta la costa. Otros saltan al agua. Pero no te preocupes, sus amos están ahí para ayudarlos.

Los jueces le dan un puntaje a cada perro. Dan puntos por la duración del paseo y la altura de la ola. Pararse vale cinco puntos. Sentarse vale tres puntos. Permanecer sobre la tabla vale dos puntos. Y los perros pueden obtener puntos adicionales por hacer trucos como caminar de espaldas.

^ La gata surfista Nicolasa monta las olas en Perú, Sudamérica.

^ Pisco es una alpaca. Las alpacas son parientes de los camellos. Él y su amo surfean en Sudamérica.

De la correa a la **tabla larga**

Algunos pueden preguntarse cómo los amos entrenan a sus perros para que se paren sobre una tabla y surfeen una ola. La mayoría de los perros comienzan aprendiendo a estar cómodos en una tabla de surf.

∧ Los perros surfistas Nani, Ricochet, Dozer y Toby montan las olas en el sur de California.

NANI (Akamai Nani Nui)

Apodo: Osita

Raza: boyero de Berna

Le encanta: surfear, nadar, dormir y comer

Alimento favorito: queso

Reconocimiento: modelo de portada para el Calendario de Perros Surfistas 2010

Dato curioso: Nani surfeó en la película Marmaduke (2009).

RICOCHET

Apodo: Rip Curl Ricki

Raza: golden retriever

Le encanta: surfear con surfistas discapacitados, saltar desde los muelles, nadar, rodar en cosas apestosas y perseguir criaturas

Alimento favorito: todos los alimentos son sus favoritos

Reconocimiento: Héroe Canino de 2010 en *USA Today*

Dato curioso: Ricochet ayuda a los niños discapacitados a aprender a surfear.

Algunos amos llevan una tabla a su casa y les dan bocadillos a sus perros solo por sentarse sobre ella. Después de un tiempo, el perro aprende a mantener el equilibrio en la tabla inestable. Luego van a la playa a probar un poco de surf fácil. Algunos perros aprenden de inmediato. Otros requieren más práctica. Pero todos disfrutan de la diversión, la amistad y el ejercicio.

DOZER

Apodo: Da Bull 2

Raza: bulldog inglés

Le encanta: surfear, comer, dormir, soñar, roncar y el fútbol

Alimento favorito: ¡de todo!

Reconocimiento: primer lugar, Desafío del Perro Increíble en la Competencia de Perros Surfistas de Purina, 2011

Dato curioso: Dozer apareció en un comencial de televisión de alimento para perros.

TOBY

Raza: cruza de shih tzu

Le encanta: surfear, perseguir gatos y otros animales pequeños

Alimento favorito: cordero relleno

Reconocimiento: primer lugar, categoría perro pequeño, Competencia de Perros Surfistas de Surf City, 2010

Dato curioso: El amo de Toby lo rescató de un refugio de animales donde estaba en estado descuidado.

Compruébalo ¿Cómo aprenden a surfear los perros?

Bienvenido a los
OUTER BANKS

por Jennifer A. Smith

¡Bienvenido a los Outer Banks! Los Outer Banks son un grupo de islitas cerca de la costa de Carolina del Norte. Se las llama **islas de barrera** porque bloquean la costa de las tormentas oceánicas. Las islas están separadas de **tierra firme** por una ancha franja de agua llamada **estrecho**.

Muchas comunidades costeras pequeñas son parte de los Outer Banks. Los niños van a la escuela, los adultos van al trabajo y las personas se divierten mucho viviendo cerca del agua. Pero vivir en la costa durante la temporada de tormentas puede ser complicado.

> Los Outer Banks miden más de 175 millas de largo.

En el mapa puedes ver que los Outer Banks son largos y delgados. Son en su mayor parte llanos. Cuando el estado del tiempo es bueno, las personas que viven allí se divierten jugando al aire libre. Pero estas islas de barrera pueden recibir tormentas fuertes llamadas huracanes. Estas tormentas pueden cambiar la costa de una isla. Los vientos y las olas fuertes pueden empujar la arena hacia adentro o llevar arena al mar. Incluso pueden dividir a una isla por la mitad.

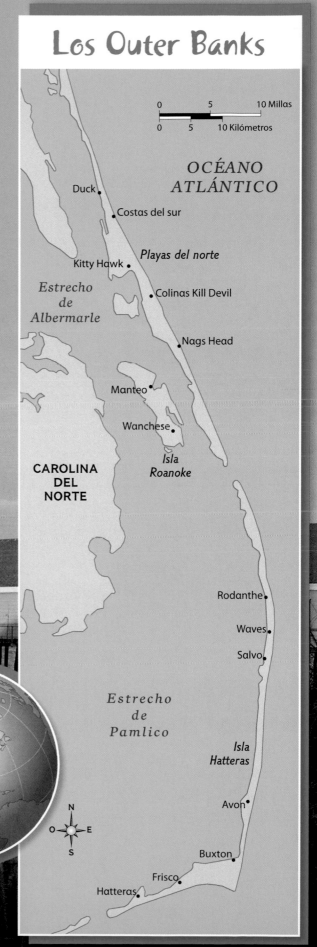

Los Outer Banks

0   5   10 Millas

0   5   10 Kilómetros

OCÉANO
ATLÁNTICO

Duck

Costas del sur

Playas del norte

Kitty Hawk

Estrecho de Albermarle

Colinas Kill Devil

Nags Head

Manteo

Wanchese

Isla Roanoke

CAROLINA DEL NORTE

Rodanthe

Waves

Salvo

Estrecho de Pamlico

Isla Hatteras

Avon

N

O   E

S

Buxton

Frisco

Hatteras

¡Los primeros en volar!

Kitty Hawk, Carolina del Norte, es una comunidad de los Outer Banks. Tiene vientos persistentes y altas colinas de arena, llamadas dunas. En el año 1900, los hermanos Orville y Wilbur Wright querían probar un invento. Lo llamaron planeador Wright. Un planeador es un avión que no tiene motor, vuela con el viento. Kitty Hawk tenía buen estado del tiempo y el tipo de terreno apropiado para sus pruebas.

En Kitty Hawk, los hermanos Wright podían despegar desde las dunas altas y aterrizar en la arena suave. Luego fueron a otra comunidad de los Outer Banks llamada Colinas Kill Devil. Allí, los hermanos probaron planeadores muchas veces entre los años 1901 y 1903.

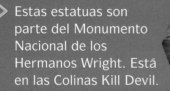
> Estas estatuas son parte del Monumento Nacional de los Hermanos Wright. Está en las Colinas Kill Devil.

Después de un tiempo, los Wright comenzaron a trabajar en su primer avión a motor. En el año 1903, hicieron el primer vuelo a motor exitoso de la historia. Cinco pobladores locales observaron cómo cada hermano daba dos vuelos cortos. El **Monumento** Nacional de los Hermanos Wright está en las Colinas Kill Devil. Allí, puedes aprender más sobre la vida de los hermanos Wright y su trabajo.

Diversión en los Outer Banks

A quienes viven en los Outer Banks les encantan los visitantes. Los turistas pueden relajarse en la playa y observar las olas. O pueden hacer actividades divertidas. Observa parte de las cosas divertidas que puedes hacer en las comunidades costeras de los Outer Banks.

> Competencia de acrobacias con cometas, Colinas Kill Devil

¡Haz volar tu cometa! Las largas playas ventosas hacen que este sea un lugar magnífico para hacer volar una cometa. Las comunidades de los Outer Banks realizan muchos eventos de cometas. Estas cometas compiten en la Competencia de acrobacias con cometas de los Outer Banks.

< Paseo por el faro, cabo Hatteras

El faro del cabo Hatteras es el faro más alto de Norteamérica. Tienes que subir más de 250 escalones para llegar a la cima. En esta foto parece que el faro está en la playa, pero en realidad está a 1,500 pies de la costa.

∧ Aladeltismo, Nags Head

Las aladeltas se parecen un poco a cometas grandes. Las personas se amarran a ellas y usan el viento para elevarse sobre el océano. Puedes hacer aladeltismo en el parque estatal Jockey's Ridge en Nags Head. El parque tiene las dunas de arena naturales más altas de la Costa Este.

∧ Festival de esculturas de arena, Nags Head

¿Alguna vez has visto un castillo de arena? Puedes construir castillos o lo que sea que se te ocurra en este festival en Nags Head. Solo toma una pala y ponte a trabajar.

Compruébalo ¿Cómo es la vida en los Outer Banks?

Dos ciudades, DOS BAHÍAS

por Brett Gover

∧ Un tranvía sube una colina empinada en San Francisco.

Las personas viven en muchas comunidades costeras diferentes en todo el mundo. Comparemos dos de ellas para ver en qué se parecen y en qué se diferencian.

San Francisco, California

A lo largo de la costa del Pacífico en el norte de California está la bahía de San Francisco. Enormes barcos entran y salen por sus aguas profundas. Los barcos deben prestar atención al flujo del agua, o **corriente**, en la bahía. Estas corrientes son fuertes y cambian de dirección con frecuencia.

Junto a la bahía está la ciudad de San Francisco, California. Está ubicada en una **península**, tierra que está rodeada por agua en tres de sus lados.

El puente Golden Gate une San Francisco con las colinas del condado Marin, California.

El aire marino cálido hace que los inviernos sean suaves y lluviosos aquí. Los veranos son templados y brumosos.

Reikiavik, Islandia

No puedes llegar más al norte en el mundo que al país de Islandia. Reikiavik es la capital de Islandia.

Como San Francisco, Reikiavik se ubica sobre una península, junto a una bahía grande. En Islandia, puedes esperar que el estado del tiempo sea extremadamente frío, pero las corrientes marinas traen agua cálida y brisas suaves a Islandia. Esto hace que el estado del tiempo sea muy placentero.

Un barco pesquero flota en el puerto de Reikiavik.

> ∧ Este niño busca oro con su batea en las montañas cerca de San Francisco. Se ha buscado oro aquí durante más de 150 años.

Los recursos de San Francisco

En el año 1769, los exploradores españoles construyeron una pequeña ciudad llamada Yerba Buena. Esa ciudad luego se rebautizó como San Francisco en el año 1847. Poco después de eso, muchos fueron allí a buscar oro.

¿Alguna vez oíste sobre la fiebre del oro de California? En la década de 1840, se encontró oro en los arroyos de las montañas de California. Muchos mineros se mudaron allí con la esperanza de encontrar oro y hacerse ricos. Otras personas fueron a abrir hoteles y tiendas para los mineros y sus familiares. San Francisco pronto se convirtió en una ciudad ajetreada.

Los recursos de Reikiavik

Un pueblo llamado *escandinavo* viajaron a Islandia hace 1,100 años. Fueron allí por su abundancia de peces y buenos suelos. Llamaron a su asentamiento Reikiavik, que significa "Bahía del Humo". El nombre provenía del vapor que veían elevarse del suelo. Los *escandinavos* descubrieron que el vapor provenía de las fuentes termales que hay bajo la ciudad.

Muchos habitantes de Reikiavik ganan dinero pescando y criando ovejas para sacarles la **lana**. La lana es el pelaje de las ovejas. Pueden hacerse mantas y suéteres con ella. La venta de lana y peces a otros lugares ayudó a convertir esta pequeña aldea en la ciudad más grande e importante de Islandia.

∧ Las granjas de ovejas están en toda la isla de Islandia.

Los alimentos en San Francisco

¿Alguna vez has comido pan de masa fermentada? A los mineros del oro les gustaba su sabor ácido. Lo comían tanto, que se los llamaba "Masas fermentadas". Las panaderías de San Francisco siguen haciendo el pan todos los días.

Quizá el pan de masa fermentada no te suena bien. Quizá te guste algo más dulce, como el chocolate. En el año 1849, Domingo Ghirardelli escuchó sobre la fiebre del oro y se mudó a California desde Italia. No encontró oro, pero no se fue. En cambio, construyó una fábrica de chocolate. En la actualidad, el chocolate Ghirardelli se come en todo el mundo.

∧ Este panadero de San Francisco forma barras de masa fermentada. Luego las hornea en el horno y se pondrán doradas.

∨ Este pescador descarga una caja
de bacalao. Está sobre un barco
en el puerto de Reikiavik.

Los alimentos en Reikiavik

Si vas a Reikiavik, más vale que te gusten los mariscos. Los pescadores sacan salmón, arenque y bacalao del océano todo el año.

Como en San Francisco, a los habitantes de Reikiavik les gustan las golosinas. Comprar golosinas allí es muy divertido los fines de semana. Todos los sábados, la mayoría de las dulcerías venden sus bocadillos por la mitad del precio habitual.

Cosas para ver en San Francisco

Es fácil divertirse en San Francisco. Pasea en tranvía hasta la cima de la calle Lombard y luego desciende caminando por esta empinada y serpenteante calle. Cuando llegues a la parte inferior, tendrás mucha hambre.

Ve a un restaurante del Barrio Chino por un delicioso tazón de fideos. Quizá veas un grupo de bailarines con un dragón que practican en una calle lateral.

Luego, dirígete al puente Golden Gate para apreciar una vista perfecta de San Francisco. Allí incluso hay un camino sobre el puente para caminar o montar en bicicleta.

> Barrio chino

∧ Calle Lombard

∨ Puente Golden Gate

V Volcán islandés

V Géiser Strokkur

< Laguna azul

Cosas para ver en Reikiavik

¿Quieres flotar en aguas humeantes? Entonces debes visitar la Laguna Azul cerca de la ciudad. Si te gusta el sol, visita Reikiavik en verano. En esta época del año, Islandia recibe 21 horas de luz solar cada día.

Puedes encontrar géiseres en toda Islandia. Estas fuentes termales pueden disparar agua caliente a más de 100 pies en el aire. Si crees que eso es increíble, debes visitar un volcán. Cerca de la ciudad de Reikiavik hay un volcán que entró en erupción por primera vez en unos 200 años.

Compruébalo ¿En qué se parecen y en qué se diferencian San Francisco y Reikiavik?

Comenta

1. ¿Qué crees que conecta los tres artículos que leíste en este libro? ¿Qué te hace pensar eso?

2. ¿De qué maneras las competencias de perros surfistas muestran la importancia que tiene el océano para una comunidad costera?

3. Indica por qué la vida en los Outer Banks de Carolina del Norte puede ser divertida y por qué vivir allí puede ser un desafío.

4. ¿Qué efecto tiene una bahía en la vida de los habitantes de San Francisco y Reikiavik?

5. ¿Qué te sigues preguntando sobre la vida en una comunidad costera? ¿Cómo puedes aprender más?